DAVID ZINN

DAVID ZINN
STREET ART

PRESTEL

München · London · New York

INHALT

Zufällige Begegnungen oder der Himmel unter unseren Füßen *David Zinn*	6
Kleine Kreaturen mit kurzen Geschichten	21
Nadine, die abenteuerliche Maus	23
So gut versteckt, so gut zu sehen	43
Philomena, die Patronin der Unmöglichkeit	99
Um die Ecke und den Weg entlang	113
Sluggo, das Monster mit einer Schwäche für Schwierigkeiten	149

ZUFÄLLIGE BEGEGNUNGEN ODER DER HIMMEL UNTER UNSEREN FÜSSEN
DAVID ZINN

Als ich an der University of Michigan studierte, ging ich oft stundenlang in der Nähe meines Studentenwohnheims spazieren. Entlang der von Bäumen gesäumten Straßen wohnten junge Eltern und renommierte Professoren, es gab Grundschulen und Clubhäuser, Weinläden und Friedhöfe. Durch dieses lebhafte Durcheinander zu schlendern, gab mir das Gefühl, wahllos durch die Seiten einer ganzen Lebensgeschichte zu blättern.

Als ich auf einem meiner Spaziergänge zufällig zu Boden schaute, lag zu meinen Füßen ein zerknülltes Stück Bastelkarton. Darauf hatte jemand Buchstaben geklebt, die offenbar aus Zeitschriften ausgeschnitten worden waren. Aber statt einer Lösegeldforderung bildeten sie die Worte:

Es ist ein wundervolles Eichhörnchen

Ich war so überrascht, dass ich mich sofort umsah. Fast erwartete ich, in der Nähe ein Eichhörnchen zu entdecken, das im Gras saß und mich anstrahlte.

Obwohl es sich eindeutig um die verlorene Hausaufgabe eines Kindes handelte – was war wohl die Aufgabe gewesen –, wurde ich das absurde Gefühl nicht los, dass es nur auf der Straße liegen gelassen wurde, damit ich es fand, und dass ich nach dem Eichhörnchen Ausschau halten sollte, von dem die Rede war. Über 30 Jahre später hängt dieser Bastelkarton noch immer in meinem Atelier (siehe Seite gegenüber). Ich glaube nicht, dass ich jenes wundervolle Eichhörnchen je getroffen habe, aber mir sind seither viele bemerkenswerte begegnet.

Was ich damit nur sagen will: Ich habe gute Gründe, beim Gehen zu Boden zu schauen, und die nicht unbegründete Erwartung, dass ich dabei etwas entdecke. Mehr als alles andere hat genau das dazu geführt, dass ich *sidewalk artist*, Straßenmaler, wurde.

It's a Wonderful Squirrel, ca. 1988
Hochglanzpapier, Zeitungspapier, Bonbonpapier,
Tintenschablone und Klebstoff auf Bastelkarton,
23 × 30 cm.
Künstler unbekannt

Von dem damaligen Zufallsfund abgesehen, begann meine Ausbildung für meinen heutigen Beruf mit einem Ablenkungsmanöver, mit dem meine Eltern dafür sorgten, dass ihre beiden kleinen Söhne im Restaurant ruhig auf ihren Plätzen sitzen blieben.

Mein Bruder und ich stritten uns nicht oft, aber wenn, dann waren wir dabei ziemlich laut. Und wenn wir uns nicht stritten, waren wir noch lauter. Zum Glück gab es eine stille Beschäftigung, die wir beide liebten: das Zeichnen. Mir ist aufgefallen, dass fast alle kleinen Kinder, die mir begegnet sind, gerne zeichnen und malen. Ich glaube, das liegt daran, dass wir unser Leben als Passagiere beginnen, die überallhin mitgenommen werden und viel zu sehen, aber wenig zu tun bekommen. Wenn wir zum ersten Mal Spuren auf einer erreichbaren Oberfläche hinterlassen, entdecken wir unsere Fähigkeit, die Welt anders zu verlassen, als wir sie vorgefunden haben, und das gibt uns Macht. Diese neue Macht, gepaart mit einer wundersamen Unkenntnis von Konsequenzen, ist wahrscheinlich der Grund dafür, dass viele von uns zum ersten Mal in ihrem Leben so richtig ausgeschimpft wurden, als sie etwas auf die Tapete im Wohnzimmer gemalt haben.

Meine Eltern wussten offenbar um diese kindliche Faszination und nutzten sie als ihre Geheimwaffe. Jedes Mal, wenn mein Bruder und ich in der Öffentlichkeit laut wurden, riss mein Vater zwei leere Seiten aus dem Notizblock, den er immer in seiner Hemdtasche mit sich herumtrug, und legte sie vor seine Kinder, daneben je einen Kugelschreiber. Wir gingen vollkommen in unseren kleinen Meisterwerken auf, und im Gegenzug hatte mein Vater seine Ruhe, solange er noch ein paar Blätter im Notizblock hatte.

Wenn du lange genug auf den Bürgersteig blickst,
blickt der Bürgersteig irgendwann zurück.

Ann Arbor, Michigan, USA
31. März 2021

Zufällige Begegnungen oder der Himmel unter unseren Füßen

Das funktionierte so gut, dass eine Restaurantbesitzerin, die am Tisch immer nur unsere gebeugten Köpfe sah (und nicht mitbekam, dass wir etwas zeichneten), mir Jahre später gestand, sie habe angenommen, meine Eltern verprügelten uns, so unterwürfig wirkten wir Kinder auf sie.

Mehr als ein Jahr lang zeichnete ich in diversen Restaurants munter vor mich hin, bis mir auffiel, dass die Zeichnungen meines älteren Bruders dem, was er zu zeichnen versuchte, mehr ähnelten als meine. Im Vergleich wirkten meine Zeichnungen zittrig und diffus, und ich musste oft erklären, was sie darstellen sollten. Ich fand das so frustrierend, dass ich schon bald mein leeres Blatt Papier verweigerte und meinen Bruder allein zeichnen ließ. Von da an gelang es meinen Eltern nur noch zu 50 Prozent, ihre Kinder ruhig zu halten.

Rückblickend glaube ich, dass diese frustrierende Erkenntnis schuld daran ist, dass viele von uns das Interesse am Kunstmachen verlieren. Alle Kinder fangen als selbstbewusste Künstlerinnen und Künstler an, weil kleine Kinder sich alles zutrauen; deshalb muss man aufpassen, dass sie auf der Straße nicht überfahren werden. Doch zum Erwachsenwerden gehört die Erkenntnis, dass es Menschen gibt, die andere Gedanken, Gefühle und Fähigkeiten haben als man selbst, und obwohl genau dieser Umstand ein wesentlicher Baustein zivilisierter Gesellschaften ist, kann er uns, wenn es darum geht, Kunst zu machen, zutiefst verunsichern. Statt mit Begeisterung die leeren Oberflächen um uns herum zu verschönern, fragen wir uns, ob die Zeichen, die wir hinterlassen, gut genug sind, um existieren zu dürfen. Und auch wenn niemand sonst sie kritisiert, sind wir von uns selbst enttäuscht, wenn sie nicht so aussehen, wie wir uns das vorgestellt haben. Das führt oft sogar zu einem Paradoxon: Die unendlichen Möglichkeiten, die in einem leeren Blatt Papier stecken, lähmen uns, statt uns zu inspirieren. Das Risiko, dass unsere Bemühungen zu nichts führen und wir nachher eine wunderbar leere Fläche umsonst ruiniert haben, ist uns einfach zu groß.

Zu meinem Glück (und dem meiner Eltern) tauchte schließlich eine neue Variante ihres „Ablenkungsmanövers" auf. Ich kann mich nicht mehr daran erinnern, wer sie sich ausdachte, und ich habe seit damals erstaunlich viele Menschen kennengelernt, die dieses Spiel ebenfalls gespielt haben und sich auch nicht mehr daran erinnern, woher sie die Idee hatten. Vielleicht ist der Instinkt, es zu spielen, genauso universell wie die Unsicherheit, die es löst.

Das Spiel geht so: Alle Teilnehmer beginnen mit einem leeren Blatt Papier, das sie sofort mit einem beliebigen Gekritzel „zerstören". Die bekritzelten Blätter werden dann untereinander ausgetauscht, und alle versuchen, aus

Zwei simulierte Beispiele des *doodle battle*, von David Zinn mit Bleistift auf Kopierpapier gezeichnet

dem sinnlosen Chaos, das man ihnen gegeben hat, etwas Sinnvolles zu kreieren. Irgendetwas.

In meiner Familie nannte man das „*doodle battle*" („Kritzelschlacht"; siehe oben). Doch es war keine „Schlacht" im Sinne von „einer gewinnt, einer verliert". Wir zeigten einander unsere Ergebnisse und staunten darüber, was für unerwartete Bilder und Figuren aus dem Gekrakel entstanden waren. Aber wir kämpften nicht gegeneinander – wir kämpften gegen unsere eigene Unsicherheit und die einschüchternde Macht, die einem leeren Blatt innewohnt. Kunst auf einem leeren Blatt zu kreieren, das erfordert Gelassenheit und Selbstvertrauen. Aber Gekritzel in Bilder zu verwandeln, ist ein Akt der Freundlichkeit gegenüber einem Stück Papier, das ansonsten ruiniert wäre.

Tatsächlich gibt es einen wissenschaftlichen Grund, warum uns der *doodle battle* so leichtfällt: die Pareidolie. Dieser Begriff bezeichnet unsere mentale Angewohnheit, in der Welt um uns herum bestimmte Muster zu sehen, auch wenn unser gesunder Menschenverstand uns sagt, dass da gar kein Muster ist. Ich vermute, dass die Pareidolie aus einer Zeit stammt, in der der Mensch in der Beziehung zwischen Beute und Raubtier eine aktive Rolle innehatte – als der Umstand, ob man einen getarnten Hasen oder

Poster für *Arbfest 2002: A Midsummer Night's Dream*, präsentiert vom University of Michigan Residential College and Nichols Arboretum, Ann Arbor, Michigan. Design und Illustration © 2002 David Zinn

Tiger entdeckte, den Unterschied zwischen Fressen und Gefressenwerden ausmachte. Im Laufe der Jahrhunderte scheint sich diese Erkenntnis auf fast alle Bereiche unseres Lebens übertragen zu haben. Vielleicht ist das sogar die psychologische Seele der Kunst: Wie sonst kann es sein, dass wir auf verschiedenfarbige Kleckse schauen, die jemand auf eine Leinwand geschmiert hat, und überzeugt sind, ein Gesicht zu sehen? Es wird für uns immer einfacher sein, Lücken zu füllen und Punkte zu verbinden, als etwas aus dem Nichts zu kreieren. Glücklicherweise besteht die Welt fast ausschließlich aus Ersterem.

Der *doodle battle* sorgte dafür, dass ich mich für den Rest meiner Kindheit in der Öffentlichkeit sehr gut benahm, aber er verhinderte auch, dass ich mich als ernsthaften Künstler betrachtete. Ich verwandelte Kaffeeflecken auf Papiertischdecken und Werbung auf Bierdeckeln in alberne Kreaturen, aber ernsthafte Kunst mit ernsthafteren Mitteln zu schaffen, kam mir nicht wirklich in den Sinn. Auf dem College studierte ich dann folgerichtig auch nicht Kunst, sondern Kreatives Schreiben. Vermutlich hatte ich vor, Seiten mit Wörtern zu füllen und dann in die Lücken, die übrig blieben, meine Zeichnungen zu schmuggeln. Zu spät erkannte ich, dass eine leere Seite für einen Schriftsteller nicht weniger einschüchternd ist als für andere Kunstschaffende, und es gelang mir nicht, in der Sprache ein Äquivalent für das Kritzeln zu finden.

Nach dem College fand ich keine Löcher in der Welt, die mit meiner Schrift gefüllt werden mussten, aber ich stellte fest, dass sich einem erfahrenen Kritzler endlose Möglichkeiten boten. Wie sich herausstellte, geht es in der kommerziellen Kunst vor allem darum, Punkte zu verbinden, um die Probleme anderer Leute zu lösen, und das fühlte sich so sehr nach

Keiner da, weder zum Erschrecken noch zum Kuscheln
Ann Arbor, Michigan, USA
24. Oktober 2020

Sluggo und die Kunst des tragbaren Unkrauts
Ann Arbor, Michigan, USA
17. Juli 2020

Unterirdische Grüße von Katzhut McGinty
Ann Arbor, Michigan, USA
25. August 2020

doodle battle an, dass ich mich darauf stürzte, ohne darüber nachzudenken, ob ich dafür überhaupt qualifiziert war. Zwei Jahrzehnte lang machte ich mich nützlich, indem ich meine Illustrationen zwischen Recycling-Anleitungen quetschte oder Werbeplakate ohne Feen und Elfen für *A Midsummer Night's Dream* (*Ein Sommernachtstraum*; siehe S. 12) entwarf. Meistens war mein Gekritzel symbolischer Natur, manchmal ganz wörtlich zu verstehen, aber immer war da irgendein Kuddelmuddel, mit dem mein inneres Kind spielen konnte.

Zwanzig Jahre lang arbeitete ich als freischaffender Werbegrafiker, und wahrscheinlich täte ich das heute noch, wäre da nicht das unbeständige Klima von Ann Arbor, Michigan. Aus irgendeinem geografischen, meteorologischen oder metaphysischen Grund ist das Wetter in meiner Heimatstadt extrem abwechslungsreich: brütende Hitze, Eis und Schnee, Regen, Donner, Hagel, und zwischendurch ein Himmel, so blau, dass er einen zum Weinen bringt.

Während ich als Freelancer zu Hause arbeitete, stellte ich meinen Zeichentisch so hin, dass ich genau sehen konnte, welches Wetter ich gerade verpasste. Ein egoistisches Vergnügen an Tagen, an denen meine Nachbarn durch Regen, Nebel oder zwölf Zentimeter Schnee zur Arbeit fuhren. Aber an den wenigen sonnigen und milden Tagen wiederum fiel es mir umso schwerer, drinnen zu sitzen, weil ich genau wusste, dass es am nächsten Tag wieder nasskalt oder brütend heiß sein könnte – in jedem Fall aber viel bessere Bedingungen, um zu Hause zu arbeiten.

Selbstständige stehen vor einem ungewöhnlichen Dilemma: Normalerweise weiß der Chef, wann er einen Angestellten disziplinieren und wann er ihn belohnen muss. Aber wenn man beides zugleich ist, wird es mitunter kompliziert. An einem wunderschönen Junitag beschloss ich, mir zu gestatten, ausnahmsweise nicht am Schreibtisch zu sitzen, sondern hinauszugehen, allerdings unter der Bedingung, dass ich auch draußen Kunst machen würde. Das war eine schamlose Ausrede, wenn auch für einen professionellen Kritzler nicht vollkommen abwegig. Ich schnappte mir etwas Kreide und ging hinaus auf den Bürgersteig, in dem Glauben, ich würde einfach nur in der Sonne ein bisschen Dampf ablassen, und danach würde alles wieder seinen gewohnten Gang gehen.

Nadine und der Schnappschuss
Ann Arbor, Michigan, USA
12. November 2020

Mützenhasen
Ann Arbor, Michigan, USA
19. November 2020

Nadine und das prähistorische Reittier
Ann Arbor, Michigan, USA
25. Mai 2021

Was ich nicht bedacht hatte, waren die verführerischen Vorteile der Straßenmalerei. Die Beschaffenheit von Betonplatten sorgt dafür, dass ein Bürgersteig eine Vielzahl von Flecken, Streifen und Rissen aufweist, die ein ausgezeichneter Spielplatz für die Fantasie sind. Jede gepflasterte Oberfläche ist ein *doodle battle*, eine Kritzelschlacht, die nur darauf wartet, ausgetragen zu werden, und immer bin ich dran mit dem Zeichnen. Neben all den inspirierenden Pollern, Gullydeckeln und anderen funktionalen Komponenten der urbanen Umwelt habe ich eine seltsame Vorliebe für Anzeichen von Nachlässigkeit und Verfall entwickelt. Risse im Bürgersteig, Grasbüschel, die in Fugen wachsen, alte Kaugummis, zu Rorschach-Klecksen gepresst, sowie spektakulär gescheiterte Versuche, Löcher in der Straße zu flicken – all das ist Futter für pareidolische Visionen, die nur darauf warten, dass mein inneres Kind sie verschönert.

Den anderen Vorteil, wenn man mit Kreide auf der Straße zeichnet, halten die meisten Menschen für den größten Nachteil: Du kannst nicht behalten, was du geschaffen hast. Es gibt zwar ein paar Tricks, mit denen man die Lebensdauer einer Kreidezeichnung verlängern kann, aber irgendwann wird sie unweigerlich verblassen und verwischen; deshalb ist es schlicht einfacher, sich von ihr zu verabschieden. Auf der philosophischen Ebene erinnert diese Akzeptanz der Vergänglichkeit an die Sandkunst der tibetischen Mönche, nur dass deren Mandalas eine viel ernsthaftere Tradition darstellen und von den Mönchen selbst wieder zerstört werden. Für mich persönlich ist das gelungenste Symbol der Vergänglichkeit unserer Existenz, wenn der Regen oder ein Kleinkind deine harte Arbeit zerstört.

In praktischer Hinsicht entfallen zahlreiche Ablenkungen, die auftreten, wenn man dauerhaftere Kunstwerke schafft. Um mit Kreide auf den Bürgersteigen von Ann Arbor zu malen, ist zum Beispiel keine besondere Genehmigung erforderlich; ich kann meine imaginären Freunde also komplett aus meiner Laune heraus und ohne jegliche Vorbereitung erschaffen. Und da ich die Resultate ohnehin nicht mit nach Hause nehmen kann, muss ich auch nie überlegen, ob sie gut genug sind, um sie aufzubewahren. In Ermangelung einer Vergangenheit und einer Zukunft können sich meine Zeichnungen und ich uns ganz auf unsere kurze gemeinsame Gegenwart konzentrieren.

In manchen Fällen wäre schon der Versuch, meine Bilder zu bewahren, geradezu unsinnig; wenn ein herabgefallenes Blatt oder eine Blume Teil des Kunstwerks ist, warum sollte der Rest dieses Kunstwerks seine natürlichen Bestandteile überdauern dürfen?

Es gibt nicht nur unzählige Gelegenheiten, auf der Straße spontane Kunst zu schaffen, man kann jeden Standort auch aus verschiedenen Blickwinkeln betrachten – ein weiterer Aspekt, den ich an vergänglicher Kunst schätze. In den vergangenen zwei Jahren haben sich dieselben Risse im Pflaster vor dem Postamt in Ann Arbor in das breite Grinsen eines Monsters, den Hut eines Hasen und den Hintern eines Dinosauriers verwandelt. Wäre eine dieser Zeichnungen von Dauer gewesen, hätte es die anderen beiden nie gegeben – und ich hätte Ärger mit dem U. S. Postal Service (siehe S. 16/17).

Heute mache ich meine Straßenkunst mit so wenig Planung oder Konsequenzen, dass es für mich schon fast so normal geworden ist wie der Gang zur Post oder zum Supermarkt. Tatsächlich ist bestimmt ein Drittel der Bilder in diesem Buch entstanden, als ich zum einen oder anderen unterwegs war. Dieselbe Zufallsbeziehung besteht zwischen meinen Straßenbildern und ihrem Publikum, denn von einigen Ausnahmen abgesehen bekommen meine Original-Kreidezeichnungen höchstens ein paar Dutzend Menschen zu Gesicht. Nicht nur, weil Wind und Wetter den Kreidestaub so schnell fortwaschen, sondern weil so viele Menschen ihn gar nicht bemerken. Für mich ist das kein Problem, im Gegenteil: Die relative Unsichtbarkeit meiner Kreaturen macht die Begegnung mit ihnen für mich wie auch (so hoffe ich) für die paar Menschen, die sie entdecken, wenn ich bereits weg bin, so außergewöhnlich. Auch wenn ich die meisten von ihnen nie kennengelernt habe, sind wir alle Mitglieder eines ebenso exklusiven wie zufälligen Clubs, der spätestens ab dem Moment, wenn das Kunstwerk im Regen verschwindet, nicht mehr größer werden kann.

Im Idealfall stolpert jemand über eine meiner Bürgersteigkreationen, staunt und freut sich darüber, was er da sieht; vielleicht glaubt er sogar einen Augenblick lang, es handele sich um eine Botschaft, die speziell für ihn hinterlassen wurde. Wenn ich auf diese Weise genug Leute dazu bringen kann, zu Boden zu schauen, dann findet vielleicht einer von uns irgendwann das wunderbare Eichhörnchen.

KLEINE KREATUREN MIT KURZEN GESCHICHTEN

NADINE,
DIE ABENTEUERLICHE MAUS

Nadine und das Ende des Tunnels
Ann Arbor, Michigan, USA
19. April 2021

Nadine und das Picknick auf See
Ann Arbor, Michigan, USA
4. August 2020

Nadine hört die Weinblätter tuscheln.
Columbus, Indiana, USA
30. Juli 2021

Nadine und die improvisierten Flügel
Ann Arbor, Michigan, USA
8. März 2021

Nadines ungestörtes Nickerchen
Ann Arbor, Michigan, USA
22. September 2020

Nadine und der Fischbus

Ann Arbor, Michigan, USA
10. März 2021

Nadines Idee hebt ab.

Ann Arbor, Michigan, USA
8. September 2020

Nadine und die Berechnung der Flugbahn
Ann Arbor, Michigan, USA
21. Januar 2021

Nadines Waffenstillstand zum Tee
Brighton, Michigan, USA
17. September 2020

Nadine und der unerforschte Abgrund
Ann Arbor, Michigan, USA
13. August 2020

Nadine und die kopflastige Krake

Ann Arbor, Michigan, USA
8. Mai 2021

Nadines steiler Aufstieg

Ann Arbor, Michigan, USA
6. Juni 2021

Nadine hypnotisiert einen Frosch.
Ann Arbor, Michigan, USA
17. August 2020

Nadine und der überraschend wirksame Witz
Ann Arbor, Michigan, USA
14. März 2021

Nadine und das unterbrochene Festmahl
Ann Arbor, Michigan, USA
22. August 2020

Nadine trifft den musikverrückten Wombat.
Ann Arbor, Michigan, USA
26. Juli 2020

SO GUT VERSTECKT, SO GUT ZU SEHEN

Erleuchtet

Ann Arbor, Michigan, USA
28. Februar 2019

Vereitelter Nachtflug
Columbus, Indiana, USA
1. August 2021

Nadine und der gute Zuhörer

Ann Arbor, Michigan, USA
10. Oktober 2020

Der dubiose Drache findet heraus,
was in ihm steckt.
Ann Arbor, Michigan, USA
25. September 2019

Geburtstagsüberraschung
eines Introvertierten
Ann Arbor, Michigan, USA
11. Juli 2020

Café-Maus
Kate wäre nicht so aufgewühlt, wenn sie nicht in
den Mauern eines Cafés wohnen würde.

Ann Arbor, Michigan, USA
19. Februar 2019

Cora geniert sich für ihre Beine, aber
sie hat ein atemberaubendes Lächeln.

Fürth, Deutschland
26. Mai 2019

Er wartet, bis er sich etwas wünschen kann.
Ypsilanti, Michigan, USA
6. Juli 2020

Robert wurde langsam klar, dass er als Vater zu wenig Wert darauf gelegt hatte, seine Kinder „zu sehen", und zu viel Wert darauf, sie „nicht zu hören".

Ann Arbor, Michigan, USA
19. Juni 2020

Die Eroberung

Ann Arbor, Michigan, USA
19. Mai 2020

Lucys Landkarte ist nicht detailliert, aber erstaunlich genau.
Ann Arbor, Michigan, USA
7. Mai 2020

Neils Vorsatz „Nur einen Keks am Tag" hat einen Haken.

Ann Arbor, Michigan, USA
28. April 2020

Lily kann sich nicht entscheiden: Ist sie ein unterschätzter Überflieger oder ein überschätzter Unterflieger? So oder so macht sie große Fortschritte.

Columbus, Indiana, USA
30. Juli 2021

Rosie besitzt einen sehr sensiblen Geruchssinn.
Deshalb hat sie zur Sicherheit immer ihren Lieblingsduft dabei.

Ann Arbor, Michigan, USA
14. Juli 2021

Marv hat sich diesen Blick von dem Hundewelpen nebenan abgeschaut.
Sie hofft, Ihre Taschen sind voller Fliegen.

Ann Arbor, Michigan, USA
9. Juli 2021

Im Falle realistischer Erwartungen bitte Scheibe einschlagen.
Ann Arbor, Michigan, USA
13. Juni 2021

Val bereute fast sofort, dass er sich für die Sonderausstattung „realistisches Motorengeräusch" entschieden hatte.
Ann Arbor, Michigan, USA
29. Juni 2021

So gut versteckt, so gut zu sehen

Entscheiden Sie sich immer für ein Fahrzeug mit gut gepolsterten Sitzen und einer positiven Haltung.

Ann Arbor, Michigan, USA
13. Juni 2021

Nadine und die wortlose Waffenruhe

Ann Arbor, Michigan, USA
17. Juli 2021

His Mistress's Voice
Ann Arbor, Michigan, USA
20. Juni 2021

Langsam schwante Marcus,
dass es keine Unterbrechung
geben würde.

Ann Arbor, Michigan, USA
31. Mai 2021

Das erste Jo ist eine Entdeckung,
das zweite Jo muss man sich verdienen.

Ann Arbor, Michigan, USA
20. Juli 2021

Ein Abend voller Abenteuer

Ann Arbor, Michigan, USA
8. Juni 2021

Und das war der Tag, an dem Sandra lernte, dass man nicht nur einen Igel kitzeln kann.

Ann Arbor, Michigan, USA
19. Mai 2021

Badeabend

Ann Arbor, Michigan, USA
13. Mai 2021

Wenn man im falschen Baumstumpf wartet
Ann Arbor, Michigan, USA
25. Mai 2021

Nach langer Suche hat Sean seine Festung in stachliger Einsamkeit schließlich doch noch gefunden.

Ann Arbor, Michigan, USA
18. Mai 2021

Nadine und die stille Einkehr
Ann Arbor, Michigan, USA
16. Mai 2021

Je schlechter die Aussichten sind,
umso entschlossener ist Sal.
Ann Arbor, Michigan, USA
12. Mai 2021

Helfen Sie uns mal?
Ann Arbor, Michigan, USA
27. Mai 2021

Dudley blüht beim Lesen auf.
Columbus, Indiana, USA
1. August 2021

Brian, die Märchenprinzessin der Raubtiere

Detroit, Michigan, USA
26. Oktober 2019

Blättriges Hochgefühl
Ann Arbor, Michigan, USA
21. Oktober 2019

Es war eine harte Woche, aber Gordon ist immer noch fröhlich.
Ann Arbor, Michigan, USA
8. Oktober 2020

Hasenballett erfordert Konzentration und Willenskraft, weil die Tutus so lecker sind.

Ann Arbor, Michigan, USA
30. Juni 2021

Frans Sommerfrisur ist 100 % natürlich, und ihr Haar hat sehr gesunde Wurzeln.

Ann Arbor, Michigan, USA
21. Juli 2021

Leonards Motto: mehr ist mehr

Ann Arbor, Michigan, USA
12. September 2020

Sheila freut sich über eure Kommentare zu ihrem neuen Haarschnitt.

Ann Arbor, Michigan, USA
5. November 2020

Ich weiß nicht, ob Sluggo sich für diesen Sommer vorgenommen hat, sich einen Bart stehen zu lassen oder mehr Grünzeug zu essen. So oder so: Es läuft prima.

Ann Arbor, Michigan, USA
20. August 2020

Tief verwurzelte Loyalität

Ann Arbor, Michigan, USA
4. Juli 2020

Der Grünpudel sieht zwar nicht groß aus, aber er wächst schnell.

Taylor, Michigan, USA
10. August 2018

Grünrücken-Schildkröte

Laguna Beach, Kalifornien, USA
29. März 2019

May kommt daher wie ein Löwe, legt aber gern noch einen Zahn zu.
Ann Arbor, Michigan, USA
7. Mai 2019

So gut versteckt, so gut zu sehen

Dana gibt sich viel Mühe, so natürlich auszusehen.
Ann Arbor, Michigan, USA
25. Juli 2019

Nur wer die Dornen nicht fürchtet, kann sich über die Blüte freuen.
Ann Arbor, Michigan, USA
2. Juni 2020

Der Große Vogelhäuschen-Überfall wird geplant.
Ann Arbor, Michigan, USA
19. Mai 2020

In Sachen Social Distancing waren diese Jungs denkbar abgestumpft.

Ann Arbor, Michigan, USA
17. März 2020

Geralds Blind Date, 18:05 Uhr

Ann Arbor, Michigan, USA
21. März 2021

Ernie „Goggles" Granger und sein Hund Specs
Ypsilanti, Michigan, USA
22. Februar 2020

Das Gebäude hat schon bessere Tage gesehen.
Zum Glück ist Edith ein sehr tragfähiges Opossum.

Ann Arbor, Michigan
2. Oktober 2019

Achtung, ein Ecktopus!

Belle Isle, Michigan, USA
20. August 2018

Flinke Füße sind ein Plus, aber den wahren Erfolg garantieren die winzig kleinen Jazzhände.

Ann Arbor, Michigan, USA
23. Juni 2018

Freunde, die hoch hinauswollen
Ann Arbor, Michigan, USA
17. Juni 2021

Sparkys Ultimatum: Mehr Leckerlis oder du wirst nie erfahren, ob der Butler der Mörder war.
Ann Arbor, Michigan, USA
12. Juli 2021

Falls Sie an der Ecke Fourth und William Street einen rosa-lila-gestreiften Handschuh verloren haben: Spegnatz der Kaltfüßige dankt Ihnen.

Ann Arbor, Michigan, USA
14. Januar 2021

Frühlingsgefühle in der Abteilung für verlorene Handschuhe
Ann Arbor, Michigan, USA
4. März 2021

Im Fundbüro
Ann Arbor, Michigan, USA
12. Februar 2021

Simons Freunde reden nicht viel, aber sie sind sehr bodenständig.

Ann Arbor, Michigan, USA
4. Mai 2021

Der Sandsack-Bandit ist berüchtigt für seine Furchtlosigkeit,
seine Schläue und seinen hohen Körperschwerpunkt.

Ann Arbor, Michigan, USA
2. Juni 2020

PHILOMENA,
DIE PATRONIN DER UNMÖGLICHKEIT

Philomena hält zu Beginn des Tages gern Ausschau nach der zweitunmöglichsten Sache, die passieren kann.

Ann Arbor, Michigan, USA
19. Juli 2021

Networken beim Symposium für Eingebildete Freunde und Unmögliche Kreaturen 2021
Ann Arbor, Michigan, USA
23. März 2021

Hände waschen!
Ypsilanti, Michigan, USA
8. Juli 2020

Wenn Schweine fliegen, werden Eichhörnchen erfinderisch.

Ann Arbor, Michigan, USA
19. April 2021

Philomena ist ein großer Fan eskapistischer Literatur.

Ann Arbor, Michigan, USA
12. Juli 2021

Von John Steinbeck erzählt man sich, einer seiner Professoren habe ihm gesagt, er werde erst Schriftsteller werden, wenn Schweine fliegen lernten. Deshalb habe er in alle seine veröffentlichten Bücher das Symbol eines geflügelten Schweins drucken lassen, begleitet von dem Spruch: *„ad astra per alia porci"*, was heißen sollte: „zu den Sternen auf den Schwingen eines Schweins".

Es ist eine wunderbare Anekdote darüber, wie man sich von den Worten einer Respektsperson nicht entmutigen lässt, und das Symbol des „Pigasus" ist ein Symbol der Hoffnung und der Demut (Steinbeck bezeichnete sich selbst als „schwerfällige Seele, die dennoch zu fliegen versucht"), was ich absolut nachempfinde.

Es gibt jedoch noch eine weitere Moral von der Geschicht', insbesondere für mich, als Enkel, Sohn, Bruder und Neffe von Lehrern: Das Latein ist nicht ganz korrekt. Eigentlich müsste es lauten: *„ad astra per ALAS porci"*, sodass Steinbeck mit seiner bissigen Rache leider demonstrierte, dass er tatsächlich ein schlechter Schüler war. Dank seines berühmten fehlerhaften Mottos laufen heute zahllose Menschen mit einem Tattoo herum, das bedeutet: „zu den Sternen durch andere Schweine".

Fazit: Je mehr man sich ärgert, desto wichtiger ist es, dass man sorgfältig Korrektur liest.

Ann Arbor, Michigan, USA
28. Oktober 2019

Verblüffter Pigasus
(Ich werde aufhören, fliegende Schweine zu malen, wenn die aufhören, mich so anzusehen.)
Ann Arbor, Michigan, USA
24. Juni 2021

Ganz allgemein, aber insbesondere zu dieser Jahreszeit, ist es ratsam, die Hoffnungsluke offen zu lassen.
Ann Arbor, Michigan, USA
16. November 2020

Gib einem Mann einen Fisch, und er hat einen Tag lang zu essen.
Gib einem Fisch ein Buch, und er träumt davon, ein Wal zu sein.

Columbus, Indiana, USA
18. September 2018

Noch ein langer Tag voller Dinge, die sich
hartnäckig weigern, unmöglich zu sein.

Ann Arbor, Michigan, USA
15. Juli 2021

Ich weiß nicht, ob die zwei uns empfehlen, vom
Wege abzukommen, oder davor warnen. Sicher
ist: Pass auf, wo du hintrittst!

Ann Arbor, Michigan, USA
12. April 2020

Eine Regenbogen kotzende Wolke darf niemals vergeudet werden.
Kooperation Nr. 2 mit der örtlichen Künstlerin Lula June Cook
Ann Arbor, Michigan, USA
12. Juli 2020

ECKE UND DEN UM DIE WEG ENTLANG

Vincent kann schon richtig gut balancieren. Morgen wird er eventuell versuchen, ein Stück zu rollen.

Ann Arbor, Michigan, USA
25. April 2021

Sei eine Blüte, die keine andere in den Schatten stellt!
Fürth, Deutschland
27. Mai 2019

Eine nachbarschaftliche Intervention in vier Akten
Ann Arbor, Michigan, USA
25. März 2020

Nach mehreren Unterrichtsstunden wurde Sasha klar, dass Ballett Übung, Haltung und Ellbogen erfordert.

Ann Arbor, Michigan, USA
23. April 2020

Janine liebt Live-Musik, vor allem als Vorwand zu klatschen.

Ann Arbor, Michigan, USA
11. Mai 2021

Offengestanden ist Ruth und Melvins Phantastische Levitations-Extravaganza wenig verwunderlich und viel „Ta-Daaa!"

Ann Arbor, Michigan, USA
25. April 2021

Fische müssen schwimmen, Vögel müssen fliegen, Frösche müssen Lieder in den Himmel schmettern.
Fürth, Deutschland
24. Mai 2019

Simon stand still da und wartete auf jemanden, der ihm ein Kompliment für seine neuen Schuhe machte.

Ann Arbor, Michigan, USA
27. März 2021

Zorrosaurus

Fürth, Deutschland
25. Mai 2019

Trotz ihrer allgemeinen Begeisterung für die Kultur Hawaiis bleibt Hedda nervös wegen ihrer exponierten unteren Hälfte.

Detroit, Michigan, USA
12. Oktober 2019

Flötenroboter Augustus gibt zwischen zwei Regenschauern ein kurzes Konzert.

Ann Arbor, Michigan, USA
1. August 2020

Hab diesen Kerl auf dem Hermann Square getroffen, kurz bevor der Regen ihn verjagte ... Aber ich wette, er hat immer noch ein Auge darauf, was vor sich geht.

Houston, Texas, USA
21. November 2018

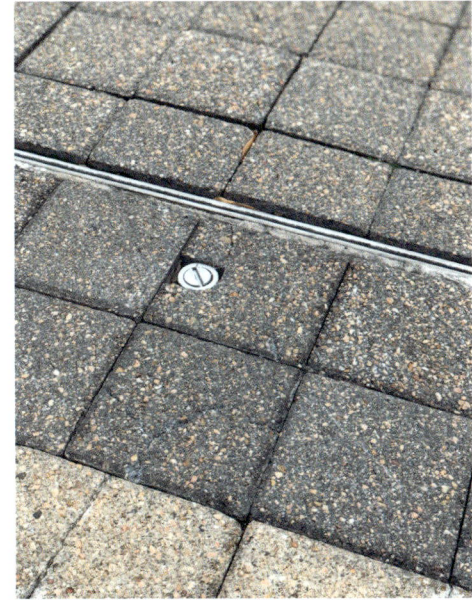

Der Rover-Roboter Modell G war früher stubenrein, inzwischen ist er ein wenig eingerostet.

Onset Bay, Massachusetts, USA
27. August 2018

Entlaufen: spheroider Zurückhol-Automat, Modell Rover-CR. Hört auf den Namen „Rusty".

Ann Arbor, Michigan, USA
15. Januar 2020

Shirley hat nicht viele Wünsche, aber ein langschwänziger Roboter-Eidechsenhund stand offenbar ganz oben auf der Liste.

Ann Arbor, Michigan, USA
4. Januar 2019

Schönheit liegt im Auge des Betrachtomat 3000.
Ann Arbor, Michigan, USA
7. April 2021

Abseits der Menschenmassen übt Francine ihre Rede für
die Abschlussfeier an der Hochschule für Harte Nüsse.

Ann Arbor, Michigan, USA
25. April 2021

Ich weiß nicht, was es über dieses Jahr aussagt, aber die Mitgliederzahlen im Winterschlaf-Club an der Sixth Street explodieren geradezu.

Ann Arbor, Michigan, USA
29. November 2020

Clyde suchte dringend ein Klo, aber einen Moment lang übermannte ihn die Bewunderung für den Schnee.

Ann Arbor, Michigan, USA
19. Januar 2021

Wenig bekannte Tatsache über Elfen: Stefan trägt gar keine spitzen Schuhe. Seine Socken sind voll mit Tortilla-Chips.

Ann Arbor, Michigan, USA
29. November 2020

Wendell hat ausgerechnet, wie oft er es ertragen kann, dass jemand „If I Had a Hammer" singt, und Terry wird gleich seine kleine Spitzhacke einbüßen.

Ypsilanti, Michigan, USA
4. September 2020

Die Konfrontation
Ann Arbor, Michigan, USA
15. August 2020

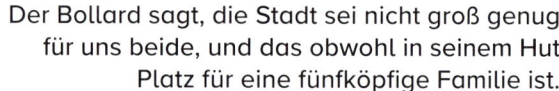

Der Bollard sagt, die Stadt sei nicht groß genug für uns beide, und das obwohl in seinem Hut Platz für eine fünfköpfige Familie ist.

Whitmore Lake, Michigan, USA
29. August 2020

Kevin schwimmt gern, aber hasst es, nass zu werden.
Ypsilanti, Michigan, USA
4. September 2020

Unerwartete Dankbarkeit

Ann Arbor, Michigan, USA
1. Juli 2020

Unterführungstroll
Whitmore Lake, Michigan, USA
28. August 2020

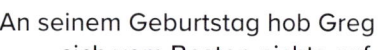

An seinem Geburtstag hob Greg
sich vom Besten nichts auf.
Ann Arbor, Michigan, USA
19. April 2020

Die ideale Jahreszeit, um im Garten zu sitzen und zu beobachten, wie kleine grüne Dinge auftauchen.

Ann Arbor, Michigan, USA
16. April 2019

Rockshard der Gartenzwerg

Ann Arbor, Michigan, USA
15. April 2019

Paula kann überall schlafen, solange niemand eine Tüte Trockenfleisch öffnet.

Ann Arbor, Michigan, USA
12. April 2020

Nathan überprüft seine Theorie, dass die glücklichsten Geschöpfe unter Steinen leben.
Ann Arbor, Michigan, USA
16. Mai 2020

Steve nimmt Schneeflocken-Fangen sehr ernst.
Ann Arbor, Michigan, USA
14. Januar 2020

Hank meint, das fragen ihn zu dieser Jahreszeit viele Leute,
aber nein, er ist ein ganz normales Kaninchen.

Ann Arbor, Michigan, USA
1. April 2020

Verdattert vom Herbst

Ann Arbor, Michigan, USA
5. November 2019

Für Familienfotos zu posieren, ist während der Mauser immer etwas peinlich.

De Wijk, Niederlande
30. August 2019

Liebe ist, wo du sie findest.
Taylor, Michigan, USA
7. August 2019

Gustaf, Hirte der Fußgänger, Meister im Dumme-Gesichter-Machen und Schwere-Hüte-Balancieren, kann am Boden liegen, während er Wache steht.
Fürth, Deutschland
27. Mai 2019

Hamish McFeeney bringt stets Blumen mit, um von seinem Granithut und seinem absurden Reittier abzulenken.

Taylor, Michigan, USA
7. August 2020

Vater und Sohn schnitzen eine Kürbislaterne. Deine ist vielleicht besser, aber Du hast bestimmt deine Hände benutzt.

Detroit, Michigan, USA
26. Oktober 2019

Eine Grinse-Katze zu sein, ist nicht lustig

Greenville, South Carolina, USA
11. Mai 2019

SLUGGO,
DAS MONSTER MIT EINER SCHWÄCHE FÜR SCHWIERIGKEITEN

Genau wie Sluggo habe ich manchmal das Gefühl, dass
mein Schöpfer abgelenkt wurde, bevor die Arbeit fertig war.

Laguna Beach, California, USA
29. März 2019

Sluggo trifft seinen Schöpfer.
Ann Arbor, Michigan, USA
17. Juli 2019

Eine seiner vielen kuriosen Angewohnheiten:
Sluggo hält Damen immer den Regenschirm.

Ann Arbor, Michigan, USA
27. Juni 2021

Das Gefühl, wenn ein Freund sich zu dir einlädt und Kekse mitbringt und ununterbrochen davon redet, wie viel besser Kekse schmecken, wenn man sie in Tee tunkt, aber du hast nur eine Tasse Tee und du hasst Kekskrümel im Tee.

Ann Arbor, Michigan, USA
29. Juni 2019

Sluggo hat endlich die Tür zum Frühling gefunden, aber das Schild mit der Aufschrift „Bitte vorsichtig anklopfen" hat er leider übersehen.

Ann Arbor, Michigan, USA
21. April 2019

Sluggos Kreide-Koller
(Kooperation mit unbekannten Künstlern)
Ann Arbor, Michigan, USA
3. März 2020

Sluggos Sommer-Eiscreme-Tipp: Bevor du dir drei Kugeln holst, vergewissere dich, ob du mit dem Mund auch an die oberste rankommst.

Ann Arbor, Michigan, USA
4. Juli 2019

Sluggo und die hohe Kunst der Schweine-Aeronautik

Ann Arbor, Michigan, USA
7. April 2020

Die gute Nachricht: Es war niemand sonst in der Nähe, um Sluggos Solo-Aufführung vom *Rülpser von Sevilla* anzuhören.

Ann Arbor, Michigan, USA
7. April 2020

Sluggos winterliches Dilemma: Wenn er endlich dick genug eingepackt ist, um vor die Tür zu gehen und etwas zu unternehmen, kann er nur noch winken und watscheln.

Ann Arbor, Michigan, USA
27. Dezember 2020

Ich hab nur eine Minute nicht aufgepasst, da ist Sluggo weggelaufen, hat sich mit einem Drachen angefreundet und sich zum König des Frühlings gekrönt.
Sonst noch jemand Probleme mit seinen undisziplinierten eingebildeten Freunden?

Ann Arbor, Michigan, USA
24. März 2020

Der Autor dankt Sandra Nettelbeck für ihr feines Gespür für poetische Nuancen in der englischen und deutschen Sprache.

Covervorderseite: „Nadine trifft den musikverrückten Wombat." (S. 40/41)
Frontispiz: David Zinn, Foto: © Misty Lyn Bergeron
Seite 4: „Die gute Nachricht: Es war niemand sonst in der Nähe, um Sluggos Solo-Aufführung vom *Rülpser von Sevilla* anzuhören." (S. 157)
Seiten 20/21: „Ernie ‚Goggles' Granger und sein Hund Specs" (S. 88)
Coverrückseite: David Zinn, Foto © Fred Zinn; „Sluggo und die Kunst des tragbaren Unkrauts" (S. 14); „Keiner da, weder zum Erschrecken noch zum Kuscheln" (S. 13)

© für die abgebildeten Werke, Texte und Fotografien bei David Zinn

2. Auflage 2022
© Prestel Verlag, München · London · New York 2022
in der Penguin Random House Verlagsgruppe GmbH
Neumarkter Straße 28 · 81673 München

Der Verlag weist ausdrücklich darauf hin, dass im Text enthaltene externe Links vom Verlag nur bis zum Zeitpunkt der Buchveröffentlichung eingesehen werden konnten. Auf spätere Veränderungen hat der Verlag keinerlei Einfluss. Eine Haftung des Verlags ist daher ausgeschlossen.

Projektleitung: Anja Besserer
Lektorat: Anne Hagenlocher, Bad Boll
Übersetzung aus dem Englischen: Cornelius Hartz, Hamburg/ Sandra Nettelbeck, Berlin
Gestaltung und Layout: Andreas Kalamala, ew-print & medien, Würzburg
Herstellung: Andrea Cobré
Lithografie: Schnieber Graphik, München
Druck und Bindung: Alföldi AG, Debrecen
Schrift: Proxima Nova A
Papier: 150g Magnomatt FSC

Penguin Random House Verlagsgruppe FSC® N001967

Printed in Hungary

ISBN 978-3-7913-7951-7 (Deutsche Ausgabe)
ISBN 978-3-7913-7936-4 (Englische Ausgabe)

www.prestel.de